DESARROLLA TU INTELIGENCIA EMOCIONAL

Técnicas y Herramientas para Lograr la Realización Personal

Gisela M. Rentas, PhD

ISBN: 979-8-9922808-1-4

Producido por Publish Pros | publishpros.com

DEDICATORIA

A todos aquellos que buscan comprenderse mejor a sí mismos y a los demás, a quienes desean transformar sus emociones en una fuente de poder y crecimiento. Este libro es para ti, para que encuentres el camino hacia un bienestar más profundo, una vida más plena y relaciones más auténticas, tal como yo me he dado este regalo para vivir de manera más emocionalmente inteligente.

ÍNDICE

INTRODUCCIÓN

"Si estás leyendo esto…
¡Felicidades, estás vivo!"

CHAD SUGG

Las emociones son un estado de ánimo caracterizado por una alteración orgánica provocada por una situación externa, que puede manifestarse en gestos, risas o llanto. En "Inteligencia Emocional: Por qué puede importar más que el coeficiente intelectual", Daniel Goleman indica que la etimología de la palabra "emoción" proviene de "movere," el verbo latino que significa "mover."

Por otro lado, otros expertos argumentan que las emociones no son solo algo que sentimos, sino que son una fuente de información. Por ejemplo, la sensación de cansancio nos informa sobre nuestros niveles de energía o fatiga. De manera similar, cuando sentimos frío, esto nos indica la temperatura del entorno, y cuando sentimos que alguien es amable o digno de confianza, la emoción nos informa sobre el nivel de amistad o afinidad que tenemos hacia esa persona. Por lo tanto, pensamos con emociones y debemos ser cautelosos con la información que transmitimos. Por ejemplo, cuando inferimos emociones a partir del tono de voz, la música, la literatura, el arte, las expresiones faciales y el lenguaje corporal, también razonamos sobre las consecuencias emocionales de nuestras acciones y nuestro estado emocional.

En esencia, todas las emociones son impulsos para actuar. Son lo que nos hace acercarnos o alejarnos de una persona o situación en particular. Hacemos esta inferencia porque las emociones nos ayudan a comprender nuestra posición y relación con el mundo y a responder de manera adaptativa. Esta noción es la razón fundamental detrás de una perspectiva que considera a las emociones como fuerzas motivadoras, adaptadas desde un enfoque cognitivo y, consecuentemente, impulsa el desarrollo del concepto de inteligencia emocional (IE).

OBJETIVO DEL LIBRO

Este libro tiene como objetivo ser una guía para desarrollar tu inteligencia emocional de manera práctica. A través de herramientas, ejercicios y estrategias, te ayudará a fortalecer tu autoconciencia, mejorar tu manejo emocional y cultivar relaciones más saludables y duraderas. La inteligencia emocional no es un rasgo fijo, sino una habilidad que puede aprenderse y perfeccionarse con práctica y compromiso.

CAPÍTULO 1: INTELIGENCIA EMOCIONAL (IE)

"No permitas que el ruido de las opiniones ajenas silencie tu voz interior. Y, lo que es más importante, ten el coraje de hacer lo que te dicten tu corazón y tu intuición. De algún modo, ya sabes aquello en lo que realmente quieres convertirte."

DANIEL GOLEMAN

En los últimos años, la inteligencia emocional (IE) ha sido estudiada de manera más intensiva debido a los hallazgos en la literatura. Se ha revelado que la inteligencia emocional puede predecir un liderazgo exitoso y una vida plena. Este ha sido uno de los factores que ha hecho del concepto de IE un tema popular.

BREVE HISTORIA Y DESARROLLO DE LA IE

Aunque el término "inteligencia emocional" se asocia más comúnmente con el psicólogo Daniel Goleman, quien fue uno de los científicos que se centraron en el concepto de IE, la idea tiene raíces en estudios psicológicos anteriores. Benjamin Palmer y Carlos Andújar indican que los psicólogos

Peter Salovey y John Mayer introdujeron el término "inteligencia emocional" en 1990, definiéndolo como una forma de inteligencia que implica la capacidad de percibir, usar, comprender y manejar las emociones de manera efectiva.

Según Andújar, Goleman se formó bajo la guía de David McClelland, quien realizó estudios sobre la inteligencia y cuestionó el papel de las pruebas de inteligencia en la predicción del éxito en la vida. Goleman mencionó que las investigaciones de McClelland en las décadas de 1950 y 1960 llevaron a la formulación de su teoría sobre la motivación, conocida como "las tres necesidades": poder, logro y afiliación. Así, Goleman amplió el concepto al afirmar que la inteligencia emocional era clave no solo para el bienestar personal, sino también para el éxito profesional y social. Desde entonces, la IE se ha convertido en un área importante de estudio en la psicología, la educación y la gestión empresarial.

¿QUÉ ES LA INTELIGENCIA EMOCIONAL?

Para Goleman, la inteligencia emocional es "la capacidad de reconocer nuestros propios sentimientos y los de los demás, de motivarnos a nosotros mismos y de manejar nuestras emociones en nosotros mismos y en nuestras relaciones con los demás." Freytes interpretó esta definición como un conjunto de habilidades, actitudes, capacidades y competencias que determinan el comportamiento, las reacciones y los estados mentales de una persona, entre otros. Salovey y Mayer definieron la IE como "la capacidad de percibir y expresar emociones, asimilar nuestros pensamientos emocionalmente, comprender y razonar sobre las emociones, y regular nuestras emociones y las de los demás." Para Andújar, esta definición es una forma de inteligencia social que implica la capacidad de monitorear los propios sentimientos y emociones, discriminar entre ellos y usar esta información para guiar pensamientos y acciones.

A diferencia del coeficiente intelectual (CI), que mide las habilidades cognitivas y, según Goleman, contribuye sólo un veinte por ciento a los factores que determinan el éxito en la vida, la IE se centra en habilidades emocionales y sociales como la autoconciencia, el autocontrol, la empatía, la motivación y las relaciones interpersonales. Estas habilidades permiten un mayor control sobre nuestras reacciones emocionales y ayudan a construir relaciones más significativas y exitosas.

DIFERENCIA ENTRE INTELIGENCIA EMOCIONAL (IE) Y COEFICIENTE INTELECTUAL (CI)

Si bien la inteligencia tradicional (CI) ha sido durante mucho tiempo el estándar para medir la "capacidad mental" de una persona, no siempre es un predictor confiable del éxito personal o profesional. McClelland cuestionó la "falsa pero generalizada creencia de que el éxito depende únicamente de la habilidad intelectual." Entre los criterios que propuso se encontraba que "las habilidades académicas tradicionales, como calificaciones y títulos, no permiten predecir adecuadamente el desempeño laboral o el éxito en la vida."

En su lugar, propuso que los rasgos que diferencian a los trabajadores más destacados de aquellos que simplemente cumplen bien su labor deben buscarse en competencias como la empatía, la autodisciplina y la disciplina. La IE complementa al CI al centrarse en habilidades que permiten una interacción y comunicación efectiva con uno mismo y con los demás. Mientras que el CI es un rasgo relativamente fijo, la IE puede desarrollarse y mejorarse a lo largo de la vida.

¿POR QUÉ ES IMPORTANTE LA INTELIGENCIA EMOCIONAL?

En la vida cotidiana, enfrentamos constantes desafíos emocionales: el estrés laboral, las relaciones personales, las metas y los fracasos. La IE nos ayuda a enfrentar estos desafíos de manera más consciente y adaptativa. Diversos estudios han demostrado que las personas con un alto nivel de IE tienden a tener mejor salud mental, mayor satisfacción laboral y relaciones personales más armoniosas. También es un factor clave para el liderazgo efectivo y el trabajo en equipo en contextos profesionales.

La inteligencia emocional es más importante que la inteligencia cognitiva porque, para tener éxito en la vida, no solo es necesario poseer conocimientos en diversas áreas del aprendizaje, sino también la capacidad de relacionarse positivamente con los demás, disfrutar de una autoestima notable, tener el impulso para superar dificultades, valorar a las personas, no desanimarse por los fracasos y desarrollar la voluntad y el carácter para rechazar todo tipo de tentaciones. Las emociones son esenciales para los seres humanos porque, a través de ellas, damos significado a las personas y a nuestro propio ser. La inteligencia no se prueba solo en números, sino en la compleja variedad de situaciones y desafíos que la vida presenta.

¿CÓMO INFLUYE LA IE EN NUESTRAS VIDAS?

- **En el ámbito personal:** La IE nos ayuda a ser más conscientes de nuestras emociones, reconocer nuestros patrones de comportamiento y tomar decisiones que promuevan nuestro bienestar. También mejora nuestra capacidad para responder al estrés y afrontar fracasos.

- **En las relaciones interpersonales:** La empatía y las habilidades sociales fortalecen nuestras relaciones al permitirnos comprender y responder a las necesidades de los demás. La IE ayuda a construir conexiones profundas y significativas, esenciales para desarrollar relaciones estables y de apoyo.

- **En el ámbito profesional:** La IE es fundamental en el liderazgo y el trabajo en equipo. Un líder emocionalmente inteligente puede inspirar, motivar y guiar a sus colaboradores, mientras que un equipo con alta IE maneja mejor los conflictos y colabora de manera más efectiva.

COMPONENTES DE LA INTELIGENCIA EMOCIONAL

La inteligencia emocional (IE) se puede dividir en cinco componentes principales:

1. **Autoconciencia:** El conocimiento de uno mismo, nuestras emociones, pensamientos y valores. Las personas con alta autoconciencia son capaces de reconocer cómo sus emociones influyen en sus decisiones y acciones.

2. **Autorregulación:** La capacidad de gestionar las emociones impulsivas y responder de manera adecuada en situaciones difíciles. La autorregulación ayuda a mantener la calma y actuar de forma racional en lugar de ser abrumado por emociones intensas.

3. **Motivación:** Las personas emocionalmente inteligentes tienden a estar motivadas internamente, lo que les permite establecer y alcanzar metas con perseverancia y optimismo, incluso frente a obstáculos.

4. **Empatía:** La capacidad de comprender y sentir lo que otros están experimentando emocionalmente. Es esencial para construir

relaciones interpersonales saludables y conectar profundamente con los demás.

5. **Habilidades sociales:** Estas habilidades permiten gestionar de manera efectiva las relaciones, comunicarse con claridad, resolver conflictos y colaborar constructivamente.

En los próximos capítulos, explicaremos cada uno de estos componentes en detalle.

NOTAS:

CAPÍTULO 2: ENTENDIENDO LA AUTOCONCIENCIA

"Lo que se necesita para cambiar a una persona, es cambiar la conciencia de sí mismo."

ABRAHAM MASLOW

¿QUÉ ES LA AUTOCONCIENCIA?

La autoconciencia es el primer pilar de la inteligencia emocional. Es la capacidad de reconocer y entender nuestras emociones, pensamientos, motivaciones y cómo influyen en nuestro comportamiento. Ser conscientes de nuestras emociones a medida que surgen, y de cómo afectan nuestras acciones y decisiones, nos permite vivir de manera más intencional, respondiendo en lugar de reaccionar impulsivamente.

Desarrollar la autoconciencia implica observar nuestros estados emocionales y patrones de pensamiento sin juzgarlos ni intentar cambiarlos de inmediato. Se trata de aceptar nuestras emociones, tanto positivas como negativas, y entender que cada una cumple un propósito.

¿POR QUÉ ES IMPORTANTE LA AUTOCONCIENCIA?

La autoconciencia es esencial porque nos permite:

- **Tomar mejores decisiones:** Al ser conscientes de nuestras emociones, evitamos actuar impulsiva o irracionalmente.

- **Mejorar nuestras relaciones:** Al reconocer cómo nuestras emociones afectan nuestras interacciones, podemos comunicarnos de manera más abierta y auténtica.

- **Promover el crecimiento personal:** La autoconciencia nos ayuda a identificar áreas de mejora y trabajar activamente en ellas.

CÓMO FUNCIONA LA AUTOCONCIENCIA: NIVELES DE CONCIENCIA

La autoconciencia tiene diferentes niveles, que incluyen el reconocimiento emocional, la conciencia de patrones, la comprensión de nuestros valores y motivaciones, y un profundo autoconocimiento. Estos niveles están interconectados y se complementan entre sí.

Reconocimiento emocional: Este es el primer paso e implica identificar y nombrar nuestras emociones. Saber si estamos tristes, enojados, frustrados o felices es esencial para gestionar nuestras respuestas.

Conciencia de patrones: También implica reconocer patrones emocionales y de comportamiento. ¿Existen situaciones específicas que desencadenan ciertas emociones en nosotros? ¿Cómo solemos reaccionar ante la presión o la crítica?

Comprensión de valores y motivaciones: Este nivel nos permite entender por qué ciertos objetivos son importantes para nosotros y cuáles son nuestros valores fundamentales. Ser conscientes de nuestras motivaciones internas nos ayuda a tomar decisiones alineadas con nuestro propósito y evita que nos dejemos influir por presiones externas.

Profundo autoconocimiento: El nivel más profundo de autoconciencia implica reconocer y aceptar nuestras fortalezas, debilidades, limitaciones y aspiraciones. Este conocimiento nos ayuda a ser compasivos con nosotros mismos y aceptar que, al igual que todos, somos un "proyecto en desarrollo".

ESTRATEGIAS PARA DESARROLLAR LA AUTOCONCIENCIA

1. **Practicar la autorreflexión:** Dedica unos minutos al final del día para reflexionar sobre tus emociones y comportamientos. Este hábito te ayudará a identificar patrones. Pregúntate:

    *   ¿Cómo me sentí hoy?
    *   ¿Por qué reaccioné de esa manera en ciertas situaciones?
    *   ¿Cuáles fueron las emociones predominantes que experimenté?

2. **Escritura reflexiva (diario):** Escribir sobre nuestras experiencias y emociones puede ser una herramienta poderosa para desarrollar la autoconciencia. Lleva un diario donde registres tus emociones y pensamientos del día. Con el tiempo, podrás identificar tendencias y comprender mejor cómo te afectan ciertos eventos.

3. **Mindfulness y meditación:** El mindfulness implica observar nuestros pensamientos y emociones sin juzgarlos. A través de la meditación, podemos entrenarnos para estar conscientes del momento presente y aceptar nuestras emociones tal como son. Estas

prácticas fomentan la autoconciencia al ayudarnos a reconocer nuestras emociones a medida que ocurren.

4. **Aceptar retroalimentación:** Recibir comentarios honestos de amigos, familiares o colegas puede proporcionar información valiosa sobre cómo nos perciben los demás. A veces, otros notan patrones de comportamiento que nosotros no percibimos. La retroalimentación nos ayuda a ser más conscientes de cómo nuestras emociones y acciones afectan a quienes nos rodean.

5. **Reconocer detonantes emocionales:** Un detonante emocional es una situación o evento que causa una reacción emocional intensa. Para desarrollar la autoconciencia, es importante reconocer estos detonantes y entender su origen. Pregúntate qué situaciones tienden a provocar ciertas emociones en ti y analiza las causas subyacentes.

6. **Crear un mapa emocional:** Identifica tus emociones más comunes y conecta cada una con las situaciones, personas o lugares que las generan. Esto ayuda a visualizar patrones y comprender mejor tus reacciones emocionales.

EJERCICIOS PRÁCTICOS PARA LA AUTOCONCIENCIA

1. **El ejercicio de las "3 preguntas":** Al final del día, responde:

   - ¿Qué emociones sentí hoy?
   - ¿Qué situaciones desencadenaron estas emociones?
   - ¿Cómo me gustaría responder la próxima vez que me sienta así?

2. **El ejercicio de la "Rueda de emociones":** Esta herramienta visual se utiliza en psicología y la educación para ayudar a las personas a identificar y expresar sus emociones. En lugar de simplemente decir

que te sientes "bien" o "mal", identifica si estás alegre, asombrado, enojado, triste, asustado, frustrado, etc. Esta distinción promueve la alfabetización emocional y la reflexión, facilitando la navegación y expresión de las experiencias emocionales.

3. **Escribir cartas a tus emociones:** A veces, podemos obtener mayor claridad al escribir como si estuviéramos dirigiéndonos directamente a una emoción específica. Por ejemplo, escribe una carta a tu "ansiedad" o a tu "alegría" y describe cómo te hace sentir, cuándo suele aparecer y cómo afecta tu vida.

CÓMO TRANSFORMA LA AUTOCONCIENCIA NUESTRAS VIDAS

Cuando cultivamos la autoconciencia, no sólo tomamos decisiones alineadas con nuestros valores, sino que también construimos una relación más saludable con nosotros mismos. Nos volvemos más pacientes, menos críticos y más comprensivos al reconocer que nuestras emociones son temporales y podemos manejarlas conscientemente.

La autoconciencia también nos permite comunicarnos de manera más auténtica con los demás, ya que sabemos cómo expresar lo que sentimos sin reprimir o reaccionar impulsivamente. Esto fortalece nuestras relaciones personales y profesionales, porque las personas valoran y confían en quienes se comunican con transparencia y empatía.

Desarrollar la autoconciencia es un proceso continuo que requiere tiempo y práctica. No se trata de alcanzar una meta, sino de aprender constantemente sobre nosotros mismos y aceptar nuestras emociones como parte de la experiencia humana.

CONCLUSIÓN

En esencia, la autoconciencia es la base para el crecimiento personal y las conexiones significativas. Al entendernos mejor, no solo mejoramos nuestra capacidad para manejar nuestras emociones, sino también para relacionarnos con los demás. A medida que crecemos en autoconciencia, comenzamos a vivir vidas más alineadas con nuestros valores, fomentando relaciones saludables y un mayor sentido de paz interior. Aunque el viaje sea continuo, cada paso que damos hacia una mayor autoconciencia mejora nuestra capacidad para vivir de manera auténtica, con compasión hacia nosotros mismos y los demás. Este proceso transformador nos empodera para enfrentar la vida con claridad, confianza y resiliencia emocional.

NOTAS:

CAPÍTULO 3: PRACTICANDO EL AUTOCONTROL

"El autocontrol es la fuerza. El pensamiento correcto es dominio. La calma es poder."

JAMES ALLEN

¿QUÉ ES EL AUTOCONTROL?

El autocontrol es la capacidad de gestionar nuestras emociones, impulsos y comportamientos, especialmente en situaciones difíciles o estresantes. Según Daniel Goleman, es el "componente de la inteligencia emocional que nos libera de ser prisioneros de nuestros sentimientos." Es la habilidad que nos permite responder de manera consciente y adecuada en lugar de reaccionar impulsivamente.

Practicar el autocontrol no significa reprimir o ignorar nuestras emociones, sino aprender a canalizarlas de una manera constructiva. El autocontrol es especialmente importante al enfrentar conflictos, desafíos o tentaciones que puedan desviarnos de nuestras metas. En el artículo "Autocontrol", de Allen García, se menciona que las personas con alto autocontrol son capaces de dominar sus pensamientos y acciones, lo cual es beneficioso en muchas situaciones. Este dominio nos permite actuar de manera coherente con nuestros valores y objetivos, en lugar de dejarnos llevar por las emociones del momento.

¿POR QUÉ ES IMPORTANTE EL AUTOCONTROL?

El autocontrol nos permite:

- **Tomar decisiones reflexivas:** Al no actuar impulsivamente, evitamos decisiones de las que podríamos arrepentirnos.

- **Reducir el estrés y la frustración:** Manteniendo la calma y controlando nuestra respuesta emocional en situaciones tensas, preservamos una actitud positiva y evitamos el agotamiento emocional.

- **Mejorar nuestras relaciones:** Es esencial para manejar conflictos y mantener una comunicación respetuosa y empática.

- **Lograr metas a largo plazo:** Al resistir impulsos que nos distraen de nuestros objetivos, nos mantenemos enfocados en lo que realmente queremos alcanzar.

COMPONENTES DEL AUTOCONTROL

Reconocimiento del impulso: El primer paso para desarrollar autocontrol es reconocer cuándo surge un impulso emocional, como la ira o la frustración. Ser conscientes de estos impulsos en el momento nos permite hacer una pausa y elegir cómo queremos responder.

Regulación emocional: Una vez que reconocemos un impulso, podemos regular la emoción para que no domine nuestras acciones. Esto implica calmar nuestras emociones y evitar reacciones automáticas.

Persistencia y resiliencia: El autocontrol también implica mantenerse enfocado en nuestras metas a pesar de distracciones u obstáculos. Esto requiere paciencia y la capacidad de tolerar la incomodidad sin rendirnos.

Toma de decisiones consciente: Finalmente, el autocontrol nos permite evaluar las posibles consecuencias de nuestras acciones antes de actuar. Tomar decisiones basadas en nuestros objetivos y valores, en lugar de ceder a impulsos momentáneos, es clave para ejercer autocontrol.

ESTRATEGIAS PARA DESARROLLAR EL AUTOCONTROL

1. **Practica la respiración profunda y el mindfulness:** En momentos tensos, las técnicas de respiración profunda ayudan a reducir la reactividad emocional. Inhala lentamente por la nariz y exhala por la boca para calmar el sistema nervioso y recuperar el control.

2. **Haz una pausa (regla de los 10 segundos):** Antes de reaccionar en una situación estresante, cuenta hasta diez lentamente o aléjate por un momento si es posible. Esta breve pausa ayuda a reducir la intensidad emocional y permite pensar antes de actuar.

3. **Visualiza las consecuencias:** Imagina los resultados de actuar impulsivamente frente a responder conscientemente. Pregúntate: "¿Qué pasará si actúo así? ¿Cómo me sentiré después?" Recordar las posibles consecuencias nos ayuda a tomar decisiones alineadas con nuestros objetivos y valores.

4. **Establece límites emocionales:** Reconoce tus límites emocionales y aprende a identificar cuándo es necesario distanciarse de ciertas situaciones o personas que puedan desencadenar emociones intensas. Los límites protegen nuestra tranquilidad y previenen el explosión emocional.

5. **Practica en situaciones de bajo estrés:** Ejercitar el autocontrol en situaciones de baja presión (por ejemplo, en una fila larga o cuando algo sale mal en tu rutina diaria) prepara para responder mejor en escenarios más desafiantes.

6. **Reduce distracciones:** Muchas veces, la falta de autocontrol surge de distracciones o impulsividad. Minimiza las distracciones que dificultan tu concentración en actividades importantes (por ejemplo, desactiva las notificaciones del teléfono o crea un espacio de trabajo libre de interrupciones).

7. **Usa afirmaciones positivas:** Cuando sientas que estás perdiendo el control, utiliza afirmaciones como "Puedo manejar esta situación con calma" o "Elijo responder en lugar de reaccionar." Estas frases refuerzan tu capacidad de autocontrol y te ayudan a mantener una mentalidad centrada.

EJERCICIOS PARA DESARROLLAR EL AUTOCONTROL

1. **Diario de impulsos:** Lleva un registro de las situaciones en las que experimentes una emoción intensa que te lleve a actuar impulsivamente. Anota qué emoción sentiste, cuál fue tu primer impulso y cómo elegiste actuar finalmente. Reflexiona sobre qué podrías hacer diferente la próxima vez.

2. **Ejercicio de los "dos minutos":** Cuando sientas el impulso de actuar inmediatamente, espera dos minutos antes de hacerlo. Usa ese tiempo para pensar en las posibles consecuencias de tu acción y decidir si es la mejor opción. Con práctica, puedes extender este tiempo a cinco o diez minutos.

3. **Practica la gratificación diferida:** Realizar ejercicios de gratificación diferida, como esperar antes de recompensarte con un premio, aumenta tu capacidad para resistir impulsos y fortalece el autocontrol. Cada vez que eliges esperar antes de satisfacer una necesidad inmediata, refuerzas esta habilidad.

4. **Simula escenarios desafiantes:** Visualiza situaciones en las que tiendes a perder el autocontrol y ensaya cómo te gustaría responder. Imagina mantener la calma, usar tus estrategias de autocontrol y tomar decisiones conscientes. Esta práctica mental te ayudará a responder eficazmente cuando esas situaciones surjan en la vida real.

5. **Reemplaza impulsos negativos con alternativas saludables:** Si tiendes a recurrir a hábitos como comer emocionalmente o procrastinar para manejar emociones intensas, identifica actividades alternativas más constructivas. Puedes salir a caminar, hacer ejercicio, escribir en un diario o escuchar música. Sustituir respuestas impulsivas por alternativas saludables es un excelente ejercicio de autocontrol.

CÓMO MEJORA EL AUTOCONTROL NUESTRAS RELACIONES Y BIENESTAR

Practicar el autocontrol tiene un impacto profundo en nuestras relaciones personales y profesionales. Nos ayuda a evitar conflictos innecesarios, escuchar activamente y responder con empatía, incluso en situaciones desafiantes. Además, mejora nuestra autoestima al aprender a confiar en nuestra capacidad para manejar emociones y actuar de acuerdo con nuestros valores.

El autocontrol también es crucial para el bienestar personal. Al manejar mejor nuestras respuestas emocionales, reducimos el estrés y nos volvemos más resilientes frente a las dificultades. Nos permite actuar de manera coherente con nuestras metas, evitando que emociones momentáneas nos desvíen de lo que realmente queremos lograr.

CONCLUSIÓN

El autocontrol es una habilidad esencial que puede desarrollarse con práctica y dedicación. No se trata de reprimir nuestras emociones, sino de aprender a reconocerlas y responder conscientemente. Con el tiempo, esta regulación emocional nos permitirá vivir con mayor intención, mejorar nuestras relaciones y avanzar hacia nuestras metas personales y profesionales con determinación y paciencia.

NOTAS:

CAPÍTULO 4: LA MOTIVACIÓN INTERNA

*"La energía y la persistencia conquistan
todas las cosas."*

BENJAMIN FRANKLIN

¿QUÉ ES LA MOTIVACIÓN INTERNA?

La motivación interna, también conocida como motivación intrínseca, es la fuerza que nos impulsa a actuar y alcanzar nuestras metas desde un deseo genuino y profundo. Como afirma Goleman, "la palabra clave es logro". A diferencia de la motivación externa, que se basa en recompensas o reconocimiento externo, la motivación interna proviene de nuestros propios intereses, pasiones, valores y propósito personal.

Cuando estamos motivados internamente, nuestras acciones se sienten significativas y alineadas con nuestra esencia. La motivación interna es crucial para el desarrollo de la inteligencia emocional, ya que nos permite mantenernos enfocados y comprometidos con nuestras metas, incluso frente a desafíos y obstáculos.

¿POR QUÉ ES IMPORTANTE LA MOTIVACIÓN INTERNA?

La motivación interna tiene varios beneficios importantes:

- **Fomenta la perseverancia:** Las personas con motivación interna tienden a ser más persistentes porque están impulsadas por algo más allá de las recompensas externas.

- **Aumenta el bienestar:** Cuando hacemos cosas que nos apasionan, nuestra satisfacción y sentido de propósito aumentan, contribuyendo a nuestro bienestar emocional.

- **Promueve el crecimiento personal:** La motivación interna nos impulsa a mejorar continuamente y a explorar nuevas oportunidades de desarrollo.

- **Genera mayor resiliencia:** Estar motivados desde dentro nos ayuda a superar fracasos y adaptarnos a los cambios, ya que nuestro compromiso con las metas es más profundo y menos dependiente de los resultados inmediatos.

TIPOS DE MOTIVACIÓN

La motivación puede dividirse en dos tipos principales:

Motivación intrínseca (interna): Surge de un interés personal o del disfrute de la actividad en sí. Es cuando haces algo porque te brinda satisfacción, aprendizaje o crecimiento. Por ejemplo, leer un libro porque amas el tema o aprender una habilidad por el placer de saber más.

Motivación extrínseca (externa): Es el impulso de actuar para obtener una recompensa externa o evitar una consecuencia negativa. Por ejemplo, trabajar solo por el salario o estudiar únicamente para aprobar un examen. Aunque la motivación extrínseca puede ser efectiva a corto plazo, tiende a ser menos sostenible a largo plazo.

CÓMO DESCUBRIR TU MOTIVACIÓN INTERNA

1. **Identifica tus valores personales:** Los valores son principios o creencias que guían nuestras decisiones y acciones. Pregúntate: "¿Qué es lo más importante para mí en la vida? ¿Qué valores no puedo comprometer?" Estos valores pueden incluir autenticidad, aprendizaje continuo, compasión o creatividad. Conectar tus metas y acciones con tus valores te ayudará a mantener tu motivación interna.

2. **Encuentra tu propósito:** Tener un propósito nos da dirección y significado. Piensa en el impacto que quieres tener en el mundo, en tu comunidad o en tu entorno personal. Reflexiona sobre cómo tus habilidades y pasiones pueden contribuir a algo más grande que tú mismo. Un propósito sólido es una fuente inagotable de motivación.

3. **Conéctate con tus pasiones:** La pasión es una de las fuerzas más poderosas que nos motiva desde dentro. Reflexiona sobre las actividades que te hacen perder la noción del tiempo y que disfrutas hacer, independientemente de si los demás las valoran. Incorporar más de estas actividades en tu vida puede nutrir tu motivación interna.

4. **Define tus metas personales:** Las metas internas, aquellas alineadas con nuestros deseos y valores profundos, son una gran fuente de motivación. En lugar de enfocarte en lo que los demás esperan de ti, establece metas que realmente te inspiren y estén conectadas con quién eres y quién quieres ser.

ESTRATEGIAS PARA FOMENTAR LA MOTIVACIÓN INTERNA

1. **Desarrolla una mentalidad de crecimiento:** Cree en que tus habilidades y talentos pueden desarrollarse con esfuerzo, aprendizaje y perseverancia. Esta mentalidad te ayuda a ver los desafíos como oportunidades de crecimiento, fortaleciendo tu motivación interna.

2. **Establece metas pequeñas y significativas:** Las metas grandes pueden parecer abrumadoras y desmotivadoras. Dividelas en pasos más pequeños y celebra tus logros en el camino.

3. **Encuentra satisfacción en el proceso, no solo en el resultado:** Enfocarte únicamente en los resultados finales te hace perder la oportunidad de disfrutar el proceso. Valora el aprendizaje y los pequeños logros diarios.

4. **Usa la autorreflexión para mantenerte enfocado:** Dedica tiempo regularmente para reflexionar sobre tus metas y progreso. Pregúntate si las actividades y decisiones que estás tomando te acercan a tus objetivos y valores.

5. **Rodéate de personas que compartan tu pasión:** Las personas que te rodean influyen en tu motivación. Busca rodearte de personas que compartan intereses similares y que te inspiren a seguir creciendo.

6. **Acepta y aprende de los fracasos:** Los errores y fracasos son inevitables en cualquier proceso de crecimiento. En lugar de desmotivarte, utilízalos como oportunidades de aprendizaje.

EJERCICIOS PARA DESARROLLAR LA MOTIVACIÓN INTERNA

1. **El ejercicio de los "5 porqués":** Cuando tengas una meta, pregúntate: "¿Por qué quiero lograrlo?" y responde con sinceridad. Luego, a cada respuesta, vuelve a preguntar "¿Por qué?" cinco veces. Este ejercicio te ayuda a descubrir la verdadera razón detrás de tus metas.

2. **Crea un mapa de visión personal:** Diseña un mapa visual de tus sueños, valores y metas. Incluye imágenes, palabras clave o frases inspiradoras que representen tus aspiraciones.

3. **Reflexión semanal:** Dedica un momento cada semana para reflexionar sobre tus logros y desafíos.

4. **Escribe una carta a tu futuro yo:** Imagina que eres la persona que deseas ser en cinco o diez años. Escribe una carta a tu yo actual, motivándote y recordándote por qué vale la pena esforzarte hoy.

5. **Establece un manifiesto de vida:** Escribe un breve manifiesto que refleje tus valores, metas y lo que esperas lograr. Revisa este manifiesto regularmente como guía en momentos de duda o desmotivación.

CÓMO LA MOTIVACIÓN INTERNA TRANSFORMA NUESTRA VIDA

Cuando desarrollamos motivación desde dentro, nuestras acciones se vuelven más significativas y alineadas con nuestra esencia. Dependemos menos de la validación externa y nos enfocamos en lo que realmente importa. La motivación interna nos permite disfrutar el camino hacia nuestras metas y enfrentar desafíos con una actitud resiliente.

Además, esta motivación promueve el crecimiento personal y el bienestar emocional, ya que nuestras decisiones están guiadas por el deseo genuino de ser nuestra mejor versión. La motivación interna irradia autenticidad y pasión, lo que también inspira a quienes nos rodean.

CONCLUSIÓN

La motivación interna es una fuente poderosa y duradera de energía para alcanzar nuestras metas. Al conectar con nuestros valores, pasiones y propósito, desarrollamos una motivación que nos sostiene en los momentos difíciles y nos llena de satisfacción en el éxito. Practicar la motivación interna es un acto de autoconocimiento y compromiso con nuestra mejor versión, y es un componente esencial para vivir una vida plena y con propósito.

NOTAS:

Ambos tipos de empatía son importantes y complementarios, ya que juntos nos permiten construir relaciones más profundas y satisfactorias, así como mejorar nuestra capacidad de resolver conflictos y entender a los demás.

BARRERAS PARA DESARROLLAR LA EMPATÍA

Aunque la empatía es una habilidad natural, hay obstáculos que pueden dificultar su desarrollo:

1. **Falta de atención plena:** En una sociedad llena de distracciones, es fácil estar físicamente presente pero no prestar verdadera atención a los demás.

2. **Juicios y prejuicios:** Juzgar o etiquetar a alguien limita nuestra capacidad de entender su perspectiva y emociones.

3. **Ego y falta de autoconciencia:** Cuando estamos demasiado centrados en nuestras propias necesidades y problemas, es difícil conectar con lo que sienten los demás.

4. **Miedo a emociones intensas:** Algunas personas evitan conectar profundamente con otros por temor a experimentar emociones incómodas o dolorosas.

5. **Ignorancia o diferencias culturales:** La cultura influye en cómo las personas expresan y entienden las emociones, lo que a veces dificulta comprender los sentimientos de aquellos con perspectivas diferentes.

ESTRATEGIAS PARA CULTIVAR LA EMPATÍA

1. **Escucha activa:** La empatía comienza con la capacidad de escuchar verdaderamente a los demás. La escucha activa implica prestar atención total, no interrumpir, ni juzgar, y mostrar interés con gestos y expresiones faciales. Haz preguntas abiertas y evita distracciones mientras la otra persona habla.

2. **Observa el lenguaje no verbal:** Gran parte de la comunicación emocional ocurre a través del lenguaje corporal, las expresiones faciales y el tono de voz. Practicar la observación de estas señales ayuda a captar emociones que no se expresan con palabras.

3. **Practica la validación emocional:** Validar es reconocer los sentimientos de la otra persona sin juzgar. A veces, un simple "Entiendo cómo te sientes" o "Puedo ver que esto es difícil para ti" puede hacer que la otra persona se sienta escuchada y comprendida.

4. **Interés genuino por los demás:** Muestra un interés sincero por las experiencias y perspectivas de los demás. Pregunta sobre sus opiniones, escucha sus historias y busca aprender de sus vivencias. Cuando desarrollas curiosidad genuina, la empatía surge de forma natural.

5. **Practica perspectivas alternas:** Trata de ver las situaciones desde el punto de vista de la otra persona. Pregúntate: "¿Cómo se sentiría esta persona en esta situación? ¿Qué podría estar pensando?"

6. **Maneja tus prejuicios:** Identifica y trabaja para superar prejuicios que puedan dificultar tu capacidad de empatizar con ciertos grupos o individuos. Al dejar de lado estos sesgos, puedes relacionarte con los demás de una manera más abierta y comprensiva.

7. **Recuerda experiencias personales similares:** Si alguien está pasando por un momento difícil, recordar un momento en el que te sentiste similar puede ayudarte a comprender mejor sus emociones.

EJERCICIOS PARA DESARROLLAR LA EMPATÍA

1. **Diario de empatía:** Lleva un diario donde escribas sobre las interacciones que tuviste durante el día y reflexiona sobre las emociones de las personas con las que te encontraste. Pregúntate: "¿Cómo me sentí? ¿Qué emociones o necesidades podrían estar detrás de sus palabras?"

2. **Escucha en espejo:** En una conversación, escucha activamente y repite, con tus propias palabras, lo que la otra persona expresó. Este ejercicio asegura que comprendes verdaderamente lo que la otra persona siente y piensa.

3. **Role-playing:** Ponte en los zapatos de otra persona y actúa como si fueras ella, pensando cómo responderías a diferentes situaciones desde su perspectiva.

4. **Gratitud y aprecio:** Al final de cada día, haz una lista de las personas que impactaron positivamente tu día y valora esas interacciones. Expresar gratitud hacia los demás te ayuda a apreciarlos más y ser más empático con ellos.

5. **Mindfulness:** Practicar la atención plena o meditación ayuda a estar presente y calma tu mente, lo que facilita una escucha profunda y una mayor sensibilidad hacia los demás.

CÓMO LA EMPATÍA MEJORA NUESTRAS RELACIONES Y BIENESTAR

La empatía es una habilidad poderosa que transforma nuestras relaciones al mejorar la calidad de nuestras interacciones y promover un ambiente de respeto y comprensión. Como señala Goleman, "las personas empáticas pueden distinguir las sutilezas del lenguaje corporal y captar el mensaje que hay detrás de las palabras." Al ser empáticos, quienes nos rodean se sienten valorados y escuchados, lo que fortalece nuestros lazos y fomenta una comunicación abierta y sincera.

Además, la empatía no solo beneficia a los demás, sino que también tiene un impacto positivo en nuestro propio bienestar. Al conectar con las emociones de los demás, desarrollamos mayor compasión, lo que a su vez reduce los sentimientos de soledad y aislamiento. También nos ayuda a influir positivamente en las acciones de otros, resolver conflictos pacíficamente, liderar de manera efectiva y ver el mundo desde una perspectiva más amplia.

CONCLUSIÓN

La empatía es el puente que nos conecta con los demás de manera profunda y significativa. A través de la empatía, podemos entender y respetar la diversidad de las experiencias humanas, lo que enriquece nuestras relaciones y fortalece nuestra inteligencia emocional. Practicar la empatía nos permite ser mejores amigos, colegas, parejas y miembros de la familia, además de enriquecer nuestra vida al ver el mundo desde una variedad de perspectivas y construir relaciones basadas en el entendimiento mutuo y la compasión.

NOTAS:

CAPÍTULO 6: HABILIDADES SOCIALES Y RELACIONES INTERPERSONALES

"No hay que apagar la luz del otro para lograr que brille la nuestra."

GANDHI

¿QUÉ SON LAS HABILIDADES SOCIALES?

Las habilidades sociales son un conjunto de capacidades que nos permiten interactuar de manera efectiva, respetuosa y armoniosa con los demás. Como señala Goleman, "no son tan simples como parecen". Estas habilidades abarcan una variedad de comportamientos que se expresan en las interacciones con los demás, permitiéndonos expresar sentimientos, actitudes, deseos, opiniones y derechos de manera apropiada según el contexto, lo que nos permite defender nuestros derechos respetando los de los demás.

Las habilidades sociales incluyen desde la capacidad de iniciar y mantener una conversación, hasta habilidades más complejas como la negociación, el manejo de conflictos y la construcción de redes de apoyo. Estas habilidades son esenciales para desarrollar relaciones interpersonales saludables y positivas, ya que nos ayudan a comprender a los demás y a establecer conexiones significativas y duraderas.

En el contexto de la inteligencia emocional, las habilidades sociales van más allá de ser simplemente "agradable" o extrovertido; son fundamentales para crear un ambiente de apoyo, colaboración y respeto. Las personas con habilidades sociales altamente desarrolladas suelen destacarse por su carácter conciliador y accesible. Desarrollar estas habilidades no solo mejora nuestra calidad de vida, sino que también nos hace más empáticos, comprensivos y efectivos en nuestras relaciones personales y profesionales.

¿POR QUÉ SON IMPORTANTES LAS HABILIDADES SOCIALES?

Las habilidades sociales desempeñan un papel crucial en muchos aspectos de la vida:

- **Facilitan una comunicación efectiva:** Expresarnos y comprender a los demás de manera clara ayuda a reducir malentendidos y fortalecer las conexiones.

- **Fomentan la cooperación:** Las personas con habilidades sociales fuertes suelen ser mejores en el trabajo en equipo y la resolución de conflictos, lo que facilita alcanzar objetivos comunes.

- **Aumentan el bienestar emocional:** Las relaciones saludables y constructivas reducen el estrés y la soledad, y mejoran la satisfacción con la vida.

- **Contribuyen al éxito profesional:** Las habilidades interpersonales son muy valoradas en el ámbito laboral, ya que un buen manejo de las relaciones facilita el liderazgo, la negociación y la colaboración.

- **Promueven la resiliencia:** Las relaciones sólidas brindan un sistema de apoyo emocional que nos ayuda a enfrentar los desafíos de manera más efectiva.

FACTORES DE LAS HABILIDADES SOCIALES

Comunicación efectiva: La capacidad de expresar nuestras ideas, necesidades y sentimientos de manera clara y asertiva es fundamental. Incluye tanto la comunicación verbal (lo que decimos) como la no verbal (lenguaje corporal, tono de voz y expresiones faciales). Una comunicación efectiva nos permite expresarnos sin ambigüedades y escuchar activamente a los demás.

Asertividad: Ser asertivo implica expresar nuestras opiniones y deseos de manera clara y respetuosa, sin ser agresivos ni ceder a los deseos de los demás. La asertividad ayuda a establecer límites saludables y a defender nuestras necesidades sin recurrir a la agresión o la pasividad.

Resolución de conflictos: Los conflictos son inevitables en cualquier relación. La capacidad de abordarlos de manera constructiva, sin evitar los problemas ni reaccionar explosivamente, es esencial. La resolución de conflictos implica encontrar soluciones que beneficien a ambas partes mientras se mantiene la calma y el respeto.

Escucha activa: Escuchar activamente significa prestar atención completa al interlocutor, mostrando interés y comprensión. Esto incluye responder con gestos, preguntas o afirmaciones que indiquen que hemos comprendido su mensaje. Este tipo de escucha fomenta la empatía y ayuda a crear una conexión genuina con los demás.

Adaptabilidad: Las relaciones requieren flexibilidad y la capacidad de adaptarse a diferentes situaciones y personas. La adaptabilidad implica aceptar el cambio, ajustarse a diversos estilos de comunicación y encontrar formas de conectarse en distintos contextos.

Cooperación y trabajo en equipo: Esta habilidad implica trabajar con otros para lograr un objetivo común respetando las ideas y contribuciones de los demás. La cooperación se basa en la empatía, el respeto y la disposición para ayudar y colaborar.

Capacidad para dar y recibir retroalimentación: La retroalimentación es una herramienta importante para el crecimiento personal y profesional. Saber cómo dar comentarios constructivos y recibir críticas de manera positiva es esencial para mejorar y aprender de nuestras experiencias.

Establecimiento de límites saludables: Saber cuándo decir "no" y establecer límites en nuestras relaciones es crucial para mantener la salud emocional. Los límites claros nos ayudan a cuidar nuestro bienestar y a establecer relaciones más respetuosas y equilibradas.

ESTRATEGIAS PARA DESARROLLAR HABILIDADES SOCIALES

1. **Practica la autoobservación:** Dedica tiempo a reflexionar sobre cómo te comportas en las interacciones sociales. ¿Escuchas activamente o tiendes a interrumpir? ¿Eres asertivo o te cuesta expresar tus opiniones? La autoobservación es clave para identificar áreas de mejora.

2. **Mejora tu comunicación no verbal:** Presta atención a tu lenguaje corporal, expresiones faciales y tono de voz. La comunicación no verbal representa una parte significativa del mensaje que transmitimos, y mejorarla puede marcar una gran diferencia en cómo los demás nos perciben.

3. **Utiliza la técnica del "yo" en la comunicación asertiva:** En lugar de culpar a los demás o hacer declaraciones acusatorias, expresa tus sentimientos usando la técnica del "yo". Por ejemplo, en lugar de decir, "Siempre llegas tarde", podrías decir, "Me siento frustrado cuando llegas tarde porque valoro mucho nuestro tiempo juntos."

4. **Practica la escucha activa:** Esfuérzate por escuchar conscientemente sin interrumpir. Responde con afirmaciones como "Entiendo," "Eso suena difícil," o "Gracias por compartir eso conmigo." La escucha activa requiere concentración y dejar de lado distracciones para estar presente en la conversación.

5. **Muestra empatía:** Trata de comprender los sentimientos y perspectivas de los demás. La empatía es la base de la conexión emocional y te permite responder de manera más sensible y compasiva.

6. **Establece límites saludables:** Practica decir "no" cuando sea necesario y establece límites claros en tus relaciones. Los límites no solo te protegen emocionalmente, sino que también establecen expectativas claras y fomentan el respeto mutuo.

7. **Busca oportunidades para practicar:** Participa en actividades que te permitan mejorar tus habilidades sociales, como trabajar en equipo, asistir a eventos sociales o unirte a clubes o grupos de interés. Cuanto más practiques, más cómodas serán estas interacciones.

8. **Recibe retroalimentación constructiva:** Si alguien te ofrece críticas, trata de escucharlas sin ponerte a la defensiva. Reflexiona sobre lo que puedes aprender de ellas y cómo puedes mejorar. La retroalimentación es una oportunidad para crecer, y aceptarla con humildad es una señal de madurez emocional.

EJERCICIOS PARA FORTALECER LAS HABILIDADES SOCIALES

1. **Simulación de roles:** Practica situaciones sociales con amigos o colegas para desarrollar tus habilidades. Puedes simular una situación en la que necesites ser asertivo o resolver un conflicto. La simulación es una excelente manera de practicar antes de enfrentarte a situaciones reales.

2. **Observa a personas con buenas habilidades sociales:** Observa cómo se comportan las personas con buenas habilidades interpersonales. Presta atención a su lenguaje corporal, cómo escuchan y responden a los demás, y cómo manejan las interacciones. Puedes aprender mucho observando a los demás.

3. **Escribe una lista de límites personales:** Reflexiona sobre los límites que necesitas para proteger tu bienestar y tus relaciones. Haz una lista de esos límites y compártela con las personas más cercanas a ti si es necesario. Esto te ayudará a practicar el establecimiento de límites claros y respetuosos.

4. **Ejercicio de retroalimentación constructiva:** Encuentra a una persona de confianza y pídele que te dé retroalimentación sobre tus habilidades de comunicación, escucha o colaboración. Practica recibir esta retroalimentación con calma y reflexiona sobre las áreas de mejora.

5. **Diario de interacciones sociales:** Lleva un registro de interacciones sociales significativas cada día. Reflexiona sobre qué salió bien, qué podrías haber hecho de manera diferente y establece metas para mejorar futuras interacciones.

6. **Pausa consciente:** Antes de responder en una conversación, toma una breve pausa para pensar en lo que vas a decir. Esto te da tiempo para organizar tus pensamientos y responder de manera reflexiva, en lugar de reaccionar impulsivamente.

CÓMO LAS HABILIDADES SOCIALES MEJORAN NUESTRAS VIDAS Y RELACIONES

Las habilidades sociales nos permiten construir relaciones más significativas y duraderas. Son comportamientos, patrones de pensamiento, emociones y acciones que facilitan nuestras interacciones, maximizando los beneficios y minimizando las repercusiones negativas, tanto a corto como a largo plazo. Cuando podemos expresar nuestras ideas y emociones de manera efectiva, escuchar activamente a los demás y abordar los conflictos con respeto, nuestras relaciones se vuelven más satisfactorias y armoniosas.

En el ámbito profesional, las habilidades sociales nos hacen colaboradores y líderes más efectivos, facilitando la comunicación, el trabajo en equipo y el logro de objetivos comunes. Como señala Goleman, "la empatía con propósito." Además, tener buenas habilidades sociales contribuye a nuestro bienestar emocional al permitirnos crear redes de apoyo sólidas y saludables.

CONCLUSIÓN

Desarrollar habilidades sociales es una inversión en nuestras relaciones y nuestro crecimiento personal. A medida que practicamos la comunicación efectiva, la escucha activa, la asertividad y la resolución de conflictos, nuestras interacciones se vuelven más auténticas y satisfactorias. Las habilidades sociales son la base de una inteligencia emocional completa, permitiéndonos conectar de manera efectiva con los demás.

NOTAS:

CAPÍTULO 7: APLICANDO LA INTELIGENCIA EMOCIONAL EN EL TRABAJO Y EN LA VIDA

"Cambia tu atención y cambiarás tus emociones. Cambia tu emoción y tu atención cambiará de lugar."

FREDERICK DODSON

INTRODUCCIÓN

La inteligencia emocional (IE) es una habilidad poderosa que, cuando se aplica de manera práctica, puede mejorar significativamente la calidad de nuestra vida personal y profesional. Los primeros tres componentes de la inteligencia emocional (autoconciencia, autocontrol y motivación interna) están relacionados con el manejo del propio comportamiento, mientras que los dos últimos, empatía y habilidades sociales, están vinculados con la capacidad de manejar interacciones con los demás.

Este capítulo explora cómo usar la IE en la vida cotidiana, especialmente en el ámbito laboral y en las interacciones diarias. Desarrollar y aplicar la inteligencia emocional no solo mejora nuestras relaciones, sino que también nos ayuda a manejar el estrés, aumentar la satisfacción y fomentar el éxito en diversas áreas.

¿POR QUÉ ES IMPORTANTE APLICAR LA IE EN LA VIDA DIARIA?

Aplicar la inteligencia emocional en la vida cotidiana nos permite:

- Aumentar la eficacia en la toma de decisiones: La IE nos ayuda a analizar y controlar las emociones que podrían sesgar nuestras decisiones, permitiéndonos tomar elecciones más equilibradas y racionales.

- Mejorar el rendimiento y éxito profesional: Las personas emocionalmente inteligentes destacan en liderazgo, resolución de conflictos y trabajo en equipo, cualidades esenciales en cualquier entorno laboral.

- Fortalecer las relaciones interpersonales: La IE nos ayuda a construir conexiones más profundas y satisfactorias, ya que nos permite comprender y responder mejor a las emociones de los demás.

- Manejar el estrés y la presión: La autoconciencia y el autocontrol, elementos clave de la IE, nos ayudan a gestionar el estrés y mantener la calma en situaciones desafiantes.

- Aumentar el bienestar y la felicidad: Una vida emocionalmente equilibrada nos permite disfrutar más de las experiencias y mantener una actitud positiva ante los retos.

LA IE EN EL LUGAR DE TRABAJO

El entorno laboral presenta numerosos desafíos que ponen a prueba nuestra inteligencia emocional. A continuación, se describen algunas formas en que la IE puede ser una ventaja en situaciones laborales:

Manejo del estrés laboral: En momentos de alta presión, la IE nos ayuda a identificar nuestros niveles de estrés y a responder de manera consciente. Técnicas como la respiración profunda, la atención plena y las pausas conscientes nos permiten recuperar la calma y abordar las tareas de forma organizada.

Tomar decisiones acertadas: Las decisiones laborales suelen estar influenciadas por emociones como el miedo a cometer errores o la presión del tiempo. La autoconciencia nos ayuda a separar las emociones momentáneas de los hechos y a evaluar las opciones con mayor claridad.

Comunicación efectiva: La IE nos permite comunicarnos de manera clara, asertiva y empática, reduciendo malentendidos y mejorando la colaboración. Una buena comunicación incluye tanto expresar nuestras ideas como escuchar y comprender a los demás, fortaleciendo así las relaciones laborales.

Liderazgo empático: Los líderes emocionalmente inteligentes inspiran y motivan a sus equipos mediante la comprensión y el apoyo. Este tipo de liderazgo aplica la empatía y la escucha activa, creando un entorno laboral positivo y fomentando el compromiso del equipo.

Manejo de conflictos: Los conflictos son inevitables en cualquier entorno laboral. La IE nos permite manejarlos de manera productiva al abordarlos con respeto y buscar soluciones que beneficien a ambas partes. Evitar respuestas impulsivas y optar por una comunicación clara y directa ayuda a resolver conflictos sin dañar las relaciones.

Trabajo en equipo: La inteligencia emocional nos permite entender y respetar las diferentes perspectivas de nuestros compañeros de trabajo, lo que fomenta la colaboración. Un equipo emocionalmente inteligente aprovecha ideas diversas y trabaja en un ambiente de apoyo y respeto mutuo.

LA IE EN LA VIDA PERSONAL

La inteligencia emocional también tiene un impacto significativo en nuestras relaciones personales y bienestar. A continuación, se presentan algunos ejemplos de cómo la IE se aplica en la vida diaria:

Manejo de emociones diarias: La autoconciencia nos permite identificar nuestras emociones y comprender sus causas, ayudándonos a evitar reacciones impulsivas. Al reconocer lo que sentimos, podemos tomar decisiones más conscientes y efectivas.

Mejorar las relaciones familiares y de pareja: La empatía, la escucha activa y la comunicación asertiva son esenciales para mantener relaciones saludables y satisfactorias. Aplicar la IE en nuestras relaciones personales ayuda a evitar conflictos innecesarios y a fortalecer los lazos con nuestros seres queridos.

Establecimiento de límites: En la vida diaria, la IE nos ayuda a establecer límites claros para proteger nuestro bienestar emocional. Ser asertivos al comunicar nuestros límites nos evita sentirnos sobrepasados y asegura relaciones más equilibradas.

Manejo del estrés y la ansiedad: El autocontrol y la autoconciencia nos permiten gestionar el estrés y la ansiedad que pueden surgir en situaciones cotidianas. Técnicas como la respiración consciente, el ejercicio físico y la priorización nos ayudan a mantener una mente clara y enfocada.

Toma de decisiones personales: La IE nos ayuda a tomar decisiones que se alineen con nuestros valores y deseos. Al comprender nuestras emociones y necesidades profundas, podemos elegir opciones que nos acerquen a una vida plena y satisfactoria.

ESTRATEGIAS PARA APLICAR LA IE EN EL TRABAJO Y EN LA VIDA DIARIA

1. **Practica pausas conscientes:** Antes de responder en una conversación o situación estresante, toma una breve pausa para reflexionar sobre lo que vas a decir o hacer. Esta técnica es especialmente útil en el trabajo, donde las emociones pueden influir en nuestra respuesta. La pausa consciente nos permite responder con calma y claridad.

2. **Establece metas claras y realistas:** Definir metas realistas nos ayuda a mantenernos enfocados y evita que nos sintamos abrumados. Establecer objetivos tanto en el ámbito laboral como personal aumenta nuestra motivación y nos permite medir nuestro progreso de manera objetiva.

3. **Practica el autocuidado:** La inteligencia emocional también implica cuidarnos a nosotros mismos. Una alimentación saludable, ejercicio regular, descanso adecuado y tiempo para actividades recreativas son esenciales para mantener una buena salud emocional.

4. **Mejora la autoconciencia a través de un diario:** Lleva un diario donde reflexiones sobre tus emociones, pensamientos y experiencias diarias. Revisar tus reflexiones te ayuda a identificar patrones emocionales y trabajar en áreas que necesitan mejorar.

5. **Usa técnicas de respiración y atención plena:** La respiración consciente y la atención plena son herramientas efectivas para reducir el estrés y aumentar el enfoque en el momento presente. Estas prácticas nos ayudan a manejar nuestras emociones de manera más efectiva y a tomar decisiones con una mente clara.

6. **Desarrolla empatía en el lugar de trabajo:** La empatía es una habilidad poderosa en el ámbito laboral. Tómate un momento para considerar la perspectiva de tus colegas y reconocer sus emociones. Esta práctica puede mejorar significativamente el ambiente laboral y fomentar una cultura de respeto y comprensión.

7. **Proporciona retroalimentación constructiva:** Practicar la retroalimentación constructiva ayuda a fortalecer las relaciones laborales y mejorar el rendimiento del equipo. Ser claro y específico al dar retroalimentación evita malentendidos y promueve la mejora continua.

8. **Utiliza el poder de la gratitud:** La gratitud es una herramienta poderosa para cultivar una mentalidad positiva. Practica la gratitud diaria, ya sea agradeciendo a colegas en el trabajo o apreciando los momentos positivos en la vida diaria. Este hábito mejora el bienestar emocional y fortalece nuestras relaciones.

EJERCICIOS PARA DESARROLLAR Y APLICAR LA IE EN LA VIDA Y EL TRABAJO

1. **Ejercicio de respiración profunda:** Practica la respiración profunda en momentos de estrés inhalando profundamente durante cuatro segundos, manteniendo la respiración durante cuatro segundos y exhalando lentamente durante otros cuatro segundos.

Repite varias veces hasta sentirte tranquilo y listo para afrontar la situación.

2. **Reflexión emocional diaria:** Al final del día, reflexiona sobre tus experiencias y emociones. Identifica situaciones que generen alegría, frustración, ansiedad, etc., y piensa en cómo podrías mejorar tu respuesta emocional en situaciones similares en el futuro.

3. **Ejercicio de escucha empática:** Durante las conversaciones, haz un esfuerzo consciente por escuchar sin interrumpir y muestra que valoras la perspectiva de la otra persona. Este ejercicio fortalece la empatía y mejora la calidad de las relaciones.

4. **Priorizar y organizar el tiempo:** Haz una lista de tareas y organiza tus prioridades. Establecer un orden ayuda a reducir el estrés y aumenta la productividad. Al gestionar el tiempo de manera efectiva, también tienes más espacio para el autocuidado y las relaciones.

5. **Desarrollar metas personales:** Define meta claras y realistas tanto para tu vida personal como profesional. Establece un plan de acción y celebra tus logros cuando los alcances. Este ejercicio fomenta la motivación y el crecimiento personal.

CONCLUSIÓN

La inteligencia emocional no es solo una teoría; es una práctica diaria que impacta profundamente en la calidad de nuestras relaciones, el éxito profesional y el bienestar personal. Generalmente, las personas son más efectivas al gestionar relaciones cuando entienden y manejan sus propias emociones, y son capaces de ponerse en el lugar de los demás para comprender sus sentimientos. Al aplicar la IE en el trabajo y en la vida diaria, desarrollamos una habilidad fundamental que nos ayuda a enfrentar los desafíos con mayor claridad y a mantener relaciones sólidas y significativas. La IE es la herramienta que nos permite vivir una vida más equilibrada, plena y con propósito.

NOTAS:

CAPÍTULO 8: LA INTELIGENCIA EMOCIONAL Y EL BIENESTAR PERSONAL

"Cuando la inteligencia emocional se fusiona con la inteligencia espiritual, la naturaleza humana se transforma."

DEEPAK CHOPRA

INTRODUCCIÓN

Desarrollar una fuerte inteligencia emocional puede ser clave para mejorar nuestra calidad de vida, aumentar la satisfacción personal y cultivar una mayor resiliencia frente a los desafíos. Tener un alto nivel de inteligencia emocional promueve una adaptación más efectiva al entorno, lo que, a su vez, contribuye a un mayor bienestar psicológico. Las personas con alta inteligencia emocional tienden a tener una autoestima más sólida, mejor control emocional y mayor empatía, lo cual impacta positivamente en su bienestar mental y emocional.

La inteligencia emocional (IE) no solo influye en nuestras relaciones y logros profesionales, sino que también es un pilar fundamental para nuestro bienestar personal. Este capítulo explora cómo la IE contribuye al bienestar emocional, mental y físico, y ofrece estrategias prácticas para aplicarla en nuestra vida diaria.

¿QUÉ ES EL BIENESTAR PERSONAL?

El bienestar personal abarca diversos aspectos de la vida, incluidos el bienestar físico, emocional, mental y social. Se define como un estado en el que una persona experimenta altos niveles de satisfacción con la vida, muestra pocos signos de angustia emocional y disfruta de una sensación general de felicidad. Implica experimentar un equilibrio, contento y paz interior.

A diferencia de la felicidad temporal, el bienestar es un estado más profundo y estable que se mantiene en el tiempo. El bienestar personal va más allá de la felicidad; implica el desarrollo integral del individuo en diversas áreas de la vida. La inteligencia emocional es clave en este proceso, ya que nos permite gestionar nuestras emociones de manera saludable, construir relaciones significativas y tomar decisiones que apoyen nuestro crecimiento personal y felicidad.

CÓMO CONTRIBUYE LA INTELIGENCIA EMOCIONAL AL BIENESTAR PERSONAL?

- **Regulación emocional:** La IE nos permite reconocer y gestionar nuestras emociones de manera consciente, evitando reacciones impulsivas y minimizando el impacto de las emociones negativas en nuestro bienestar. Al regular nuestras emociones, reducimos el estrés y promovemos la calma.

- **Autoconciencia y autenticidad:** Con mayor autoconciencia, podemos comprender lo que realmente queremos y necesitamos en la vida. Esto nos ayuda a vivir alineados con nuestros valores, ser auténticos y tomar decisiones coherentes con nuestra identidad, aumentando así nuestra satisfacción personal.

- **Resiliencia y manejo del estrés:** La inteligencia emocional nos ayuda a enfrentar las dificultades con una mentalidad positiva y proactiva. La resiliencia, que es la capacidad de recuperarse de los desafíos y aprender de ellos, es esencial para mantener un fuerte bienestar emocional a lo largo del tiempo.

- **Relaciones saludables:** Las personas emocionalmente inteligentes desarrollan relaciones más profundas y significativas que ofrecen apoyo, alegría y un sentido de pertenencia. Estas relaciones contribuyen significativamente al bienestar al proporcionar apoyo emocional y reforzar nuestra autoestima.

- **Motivación y crecimiento personal:** La IE nos ayuda a mantenernos motivados y comprometidos con nuestras metas personales. Esta motivación interna fomenta un sentido de propósito y dirección en la vida, incrementando nuestra satisfacción y realización personal.

COMPONENTES CLAVE DEL BIENESTAR PERSONAL Y LA IE

Bienestar emocional: Implica la capacidad de manejar nuestras emociones de manera saludable. La autoconciencia y el autocontrol son esenciales, ya que nos permiten reconocer nuestras emociones y responder de forma constructiva.

Bienestar mental: Una mente calmada y equilibrada contribuye enormemente a nuestro bienestar. La IE ayuda a reducir pensamientos negativos, mejorar la concentración y mantener una perspectiva optimista.

Bienestar físico: Aunque aparentemente desconectado de la IE, el bienestar físico está directamente relacionado con nuestras emociones. Las personas emocionalmente inteligentes son más conscientes de sus cuerpos y de cómo el cuidado físico influye en sus emociones, lo que las lleva a adoptar hábitos de salud positivos.

Bienestar social: La capacidad de establecer y mantener relaciones significativas es clave para el bienestar social. La empatía, la escucha activa y la asertividad son habilidades de la IE que enriquecen nuestras relaciones y nos ayudan a construir redes de apoyo emocional.

ESTRATEGIAS PARA MEJORAR EL BIENESTAR PERSONAL CON IE

1. **Practica la autoobservación y la autoconciencia:** Tómate tiempo para reflexionar sobre tus pensamientos y emociones. Lleva un diario personal para registrar cómo te sientes y qué factores contribuyen a esos sentimientos. Esto te ayudará a identificar patrones y ser más consciente de tus necesidades emocionales.

2. **Utiliza técnicas de regulación emocional:** La regulación emocional es clave para mantener el bienestar personal. Técnicas como la respiración profunda, la meditación y la visualización positiva son útiles para calmar la mente y reducir el estrés. También puedes probar el "reenfoque", que implica cambiar tu enfoque de una emoción negativa hacia una actividad que te brinde bienestar.

3. **Cultiva una actitud de gratitud:** La gratitud es una herramienta poderosa para el bienestar emocional. Cada día, escribe tres cosas por las que estés agradecido. Esta práctica aumenta la positividad y reduce el enfoque en los pensamientos negativos, contribuyendo a un mayor bienestar emocional.

4. **Desarrolla hábitos de autocuidado:** El autocuidado es esencial para mantener un equilibrio saludable entre mente y cuerpo. Asegúrate de incluir en tu rutina diaria actividades que disfrutes y que te permitan relajarte, como leer, hacer ejercicio, meditar o practicar un pasatiempo.

5. **Fomenta la resiliencia y una mentalidad positiva:** La resiliencia te ayuda a superar los obstáculos sin comprometer tu bienestar. Practica el "enfoque cognitivo", una técnica que consiste en encontrar un aspecto positivo en situaciones difíciles, lo que te permite mantener una perspectiva optimista.

6. **Establece y mantén relaciones saludables:** La calidad de tus relaciones influye directamente en tu bienestar. Trabaja en tus habilidades de comunicación, muestra empatía y establece límites saludables. Rodéate de personas que aporten valor a tu vida y apoyen tu crecimiento personal.

7. **Practica la atención plena:** La atención plena te ayuda a vivir en el momento presente, reduciendo la ansiedad y el estrés. Dedica unos minutos cada día a observar tus pensamientos y sensaciones sin juzgarlos. Esta práctica aumenta la autoconciencia y reduce la reactividad emocional.

8. **Establece metas personales y reconoce tus logros:** Tener metas claras y trabajar para lograrlas proporciona un sentido de propósito. Establece metas realistas y, cuando las alcances, tómate el tiempo para celebrar tus éxitos. Este proceso aumenta la motivación y la confianza en ti mismo, fortaleciendo tu bienestar general.

EJERCICIOS PARA MEJORAR EL BIENESTAR PERSONAL CON LA IE

1. **Diario de gratitud:** Al final de cada día, escribe tres cosas por las que estés agradecido. Este ejercicio ayuda a entrenar tu mente para enfocarse en los aspectos positivos, promoviendo un estado de ánimo más equilibrado y una actitud optimista.

2. **Practicar respiración consciente:** Cuando te sientas abrumado o estresado, practica la respiración consciente. Inhala profundamente, cuenta hasta cuatro, mantén la respiración durante cuatro segundos y exhala lentamente. Este ejercicio reduce el estrés y mejora la claridad mental.

3. **Ejercicio de reflexión semanal:** Cada semana, tómate un tiempo para reflexionar sobre tus emociones, logros y desafíos. Escribe en tu diario lo que aprendiste y cómo puedes mejorar para la siguiente semana. Esta práctica fomenta la autoconciencia y te ayuda a ajustar tus acciones para mejorar continuamente tu bienestar.

4. **Visualización positiva:** Dedica unos minutos cada mañana a visualizar un día exitoso. Imagina cómo enfrentarás los desafíos con calma y cómo aprovecharás las oportunidades. Este ejercicio prepara tu mente para enfrentar el día con una actitud positiva.

5. **Meditación de escaneo corporal:** Practica la meditación de escaneo corporal para liberar la tensión física. Esta práctica consiste en cerrar los ojos, respirar profundamente y escanear mentalmente cada parte de tu cuerpo, notando cualquier tensión o incomodidad y permitiendo que se relaje. La práctica regular mejora tanto el bienestar físico como mental.

6. **Ejercicio de visualización de logros personales:** Cierra los ojos e imagina una versión futura de ti mismo que ha alcanzado tus metas personales y vive de acuerdo con tus valores. Visualiza cómo te sientes, qué haces y cómo te comportas. Esta práctica motiva y fortalece tu compromiso con tus metas.

CÓMO LA IE MEJORA LA CALIDAD DE VIDA

Cuando aplicamos la inteligencia emocional en nuestras vidas, el bienestar personal se convierte en una realidad tangible y sostenible. Al desarrollar una mejor comprensión de nuestras emociones y aprender a gestionarlas, construimos una base sólida de autoconfianza y satisfacción. Las personas con alta inteligencia emocional disfrutan de una mayor satisfacción en sus vidas personales, muestran mayor resiliencia y manejan mejor sus emociones, lo que contribuye positivamente a su bienestar.

La IE nos permite vivir en el presente, disfrutar de nuestras experiencias y mantener una perspectiva positiva durante los momentos difíciles. Nos ayuda a ver los problemas como oportunidades para el aprendizaje y el crecimiento, aumentando nuestra resiliencia y capacidad para adaptarnos al cambio.

CONCLUSIÓN

La inteligencia emocional es una herramienta poderosa para alcanzar y mantener el bienestar personal. Al mejorar nuestra autoconciencia, regulación emocional y empatía hacia los demás, construimos una vida más rica, satisfactoria y equilibrada. Desarrollar la IE nos ayuda a encontrar una mayor paz interior, construir relaciones sólidas y enfrentar los desafíos con una actitud positiva. En última instancia, una inteligencia emocional sólida no solo nos hace más felices y saludables, sino que también nos permite vivir una vida con mayor propósito y significado.

NOTAS:

CONCLUSIÓN Y PRÓXIMOS PASOS

"Sabemos lo que somos, pero aún no sabemos lo que podemos llegar a ser"

WILLIAM SHAKESPEARE

La inteligencia emocional (IE) es una habilidad fundamental que influye profundamente en todos los aspectos de nuestras vidas. Desde la autoconciencia hasta la gestión de las relaciones interpersonales, desde la regulación de nuestras emociones hasta enfrentar desafíos con resiliencia, la IE impacta significativamente nuestro bienestar y éxito. Al desarrollar la inteligencia emocional, podemos mejorar nuestras relaciones, aumentar la productividad y abordar los desafíos con una mentalidad positiva y equilibrada.

A lo largo de este libro, hemos explorado diversas dimensiones de la IE y cómo cada una contribuye a crear una vida más plena. Hemos aprendido a manejar nuestras emociones, mejorar la comunicación, liderar con empatía y tomar decisiones más equilibradas y conscientes. Sin embargo, la IE no es un logro único, sino un proceso continuo que requiere práctica, paciencia y compromiso.

LA IMPORTANCIA DE LA PRÁCTICA CONSTANTE

El desarrollo de la inteligencia emocional no ocurre de la noche a la mañana. Es un proceso continuo que implica autoobservación, introspección y, sobre todo, la voluntad de mejorar. Desarrollar la inteligencia emocional no es fácil; requiere tiempo, esfuerzo y, lo más importante, un compromiso constante. Como cualquier habilidad, la IE mejora con la práctica regular y el deseo de crecer. Cada día presenta nuevas oportunidades para aplicar lo aprendido en nuestras interacciones diarias, en el manejo del estrés y en nuestras relaciones personales.

Es importante recordar que no existe una forma "correcta" de ser emocionalmente inteligente. Cada persona es única, por lo que el camino para desarrollar la IE será diferente para cada uno de nosotros. Lo que es universal, sin embargo, es la idea de que al ser más conscientes de nuestras emociones y de cómo estas afectan nuestras decisiones y relaciones, podemos vivir de manera más plena y auténtica.

PRÓXIMOS PASOS

Los siguientes pasos te permitirán continuar desarrollando tu inteligencia emocional y aplicar lo aprendido en tu vida diaria:

1. **Evaluación personal:** Tómate un momento para reflexionar sobre tu propia inteligencia emocional. ¿En qué áreas te sientes más fuerte? ¿Qué aspectos podrías mejorar? Esto te proporcionará una base para enfocar tus esfuerzos futuros.

2. **Establece metas emocionales:** Como en cualquier proceso de desarrollo personal, es útil establecer metas claras y alcanzables. Puedes empezar con objetivos simples, como practicar la empatía

con mayor frecuencia o aprender a regular tus emociones en situaciones de estrés.

3. **Practica técnicas diarias:** Integra ejercicios y técnicas de IE en tu rutina diaria. Desde la meditación y la respiración consciente hasta la reflexión diaria o el registro emocional, estas prácticas te ayudarán a mejorar tu autoconciencia y a manejar tus emociones de manera más efectiva.

4. **Busca retroalimentación:** Habla con amigos, familiares o colegas de confianza sobre tu progreso. A veces, otros pueden percibir aspectos de nuestra inteligencia emocional que nosotros mismos no notamos. La retroalimentación constructiva es una herramienta valiosa para el crecimiento personal.

5. **Crea un plan de desarrollo continuo:** La IE es un viaje continuo. Haz un compromiso contigo mismo para seguir aprendiendo sobre la gestión emocional, la empatía, la resolución de conflictos y el autocuidado. Leer libros, asistir a seminarios o incluso buscar un mentor o coach emocional pueden ser opciones útiles para seguir avanzando.

6. **Cultiva la paciencia y la compasión:** Es esencial ser paciente contigo mismo durante este proceso. La inteligencia emocional, como cualquier habilidad, lleva tiempo en desarrollarse. Practica la autocompasión y recuerda que cada paso adelante es una victoria.

7. **Aplica la IE en diferentes contextos:** A medida que continúes desarrollando tu IE, busca maneras de aplicarla en varios aspectos de tu vida: en el trabajo, con tu familia, en tus amistades y en tu relación contigo mismo. Al aplicar la IE en diversas situaciones, aprenderás a adaptarte y mejorarla en diferentes contextos.

8. **Mantén una mentalidad de crecimiento:** La inteligencia emocional no tiene un punto final. Siempre hay algo nuevo que aprender o un área que mejorar. Mantén una mentalidad de crecimiento, lista para aprender de tus experiencias y seguir evolucionando.

LA IE COMO CAMINO HACIA EL AUTOCONOCIMIENTO Y LA REALIZACIÓN PERSONAL

En última instancia, la inteligencia emocional no se trata solo de gestionar nuestras emociones o mejorar nuestras relaciones. En esencia, la IE es una poderosa herramienta para el autoconocimiento y la realización personal. Nos permite vivir de manera más consciente, alineados con nuestros valores y deseos más profundos. Al aprender a manejar nuestras emociones y comprender a los demás, nos acercamos a una vida equilibrada, plena y auténtica.

Es un camino de crecimiento continuo que transforma la manera en que vivimos, nos relacionamos con el mundo y enfrentamos los desafíos que se nos presentan. Sigue explorando, aprendiendo y practicando la inteligencia emocional en tu vida diaria. Los beneficios de este proceso tanto para ti como para los demás serán profundos y duraderos.

¡Que comience tu viaje hacia una vida emocionalmente más inteligente y plena!

NOTAS:

REFERENCIAS

Andújar, C. A. (2004). Desarrollo y validación preliminar del inventario de inteligencia emocional en una muestra de estudiantes universitarios. *Revista Interamericana de Psicología Ocupacional*, 23(1), 38-55.

Asana. (2024, febrero 10). ¿Qué es la motivación intrínseca y cómo funciona? *Asana*. asana.com/es/resources/intrinsic-motivation

Bradberry, T., & Greaves, J. (2009). *Emotional Intelligence 2.0*. TalentSmart.

Diener, E. (1984). Subjective well-being. *Psychological Bulletin*, 95(3), 542-575.

Freytes, S. (2004). *Inteligencia emocional y desorden de estrés postraumático en víctimas del crimen*. Tesis doctoral no publicada. Universidad Carlos Albizu, San Juan, Puerto Rico.

Garaigordibil, M., & Peña, A. (2014). Intervención en las habilidades sociales: Efectos en la inteligencia emocional y la conducta social. *Behavioral Psychology/Psicología Conductual*, 22(3), 551-567.

Goleman, D. (1995). Emotional intelligence: *Why it can matter more than IQ*. Bantam Books.

Goleman, D. (1995). *Working with emotional intelligence*. Bantam Books.

Goleman, D. (2004, octubre). ¿Qué hace un líder? *Harvard Business Review América Latina*.

Gudiña, V. (2024, mayo 23). Autoconciencia: Qué es, importancia, características y ejemplos. *Definición.de*. definicion.de/autoconciencia/

García-Allen, J. (2016, junio 12). Autocontrol: 7 consejos psicológicos para mejorarlo. *Portal Psicología y Mente*. psicologiaymente.com/psicologia/autocontrol-consejos

Muñoz Zapata, A. P., & Chaves Castaño, L. (2013). La empatía: ¿un concepto unívoco? *Katharsis*, 16, 123-146. doi.org/10.25057/25005731.467

Palmer, B. (2003). An analysis of the relationship between various models and measures of emotional intelligence. Swinburne University of Technology.

Palmer, B., Gardner, L., & Stough, C. (2003). Measuring emotional intelligence in the workplace with the Swinburne University Emotional Intelligence Test. En *Proceedings of the First International Conference on Contemporary Management (ICCM): Emotional Intelligence in Organizations*.

Plutchik, R. (1980). *Emotion: A psychoevolutionary synthesis*. Harpercollins College Division.

Roca Villanueva, E. (2013). Inteligencia emocional y conceptos afines: Autoestima sana y habilidades sociales. En *Congreso de Inteligencia Emocional y Bienestar* (Zaragoza, 2013).

Ryff, C. D. (1989). Happiness is everything, or is it? Explorations on the meaning of psychological well-being. *Journal of Personality and Social Psychology*, 57(6), 1069-1081.

Salovey, P., & Mayer, J. D. (1990). Emotional intelligence. *Imagination, Cognition, and Personality*, 9(3), 185-211.

ACERCA DE LA AUTORA

Gisela M. Rentas, Ph.D., es una educadora distinguida, psicóloga y especialista en desarrollo infantil. Actualmente se desempeña como Gerente de Educación y Coordinadora en el Distrito Escolar del Condado de Charleston, en Carolina del Sur. Su enfoque está en el desarrollo profesional del personal, la mejora continua de la calidad educativa y el apoyo al aprendizaje individualizado de los niños.

La Dra. Rentas tiene una licenciatura en Psicología de la Universidad de Puerto Rico, una maestría dual en Psicología y Educación Infantil, y un Ph.D. en Psicología Industrial y Organizacional de la Universidad Interamericana de Puerto Rico.

La Dra. Rentas cree firmemente que la inteligencia emocional es la piedra angular del éxito y la base para una vida feliz y satisfactoria. Ha realizado importantes contribuciones al campo, especialmente a través de su investigación sobre la inteligencia emocional en los gerentes dentro de la industria de servicios gubernamentales en Puerto Rico.

Además de escribir, la Dra. Rentas disfruta del ejercicio y la danza, especialmente el ballet clásico, que ha practicado durante más de diez años. Actualmente vive en Charleston, Carolina del Sur, con su esposo de veintidós años y su hijo.

www.ingramcontent.com/pod-product-compliance
Lightning Source LLC
Chambersburg PA
CBHW051544120626
46551CB00013B/1353